JN438331

______________________ 님께 드립니다.

<<< 제15회 문학세계문학상 수상기념 시집

바람길

| 윤갑수 시집 |

도서출판 천우

시인의 말

봄날이 지나가고 시들은 꽃잎들이 텅 빈 가슴을 메우듯 조심스레 하얀 백지 위에 시를 써 내려가는 시인의 가슴에는 늘 아쉬움이 남습니다.

망설임 끝에 시집 『바람길』을 상재하고 보니 그동안 쌓였던 생채기가 아물어가는 듯합니다.

가장 가까운 이들로부터의 배신은 삶의 본질을 어긋나게 하고 용서할 수 없을 만큼 고통은 참으로 견디기 힘들었습니다.

하지만 시를 쓰는 동안 참으로 마음이 평온해옴을 느낍니다. 특히 몇 년 동안 마음의 상처를 보듬고 치유할 수 있었던 건 오로지 시를 쓰는 것이었기에 날마다 기도하시는 어머니의 따스한 손길처럼 온기가 전해지는 마음의 문을 여는 시, 몸부림치듯 펜을 들 때마다 평온을 찾는 돌파구였습니다. 삶의 등불이 되어준 시가 있었기에 이 시를 접하는 많은 분들에게도 조금이나마 위안이 되었으면 좋겠습니다.

매번 시를 쓰면 쓸수록 부족하다는 걸 새삼 느낍니

다. 앞으로 더욱더 정진하여 독자분들과 마음으로 함께 할 수 있는 시를 쓰도록 노력하겠습니다.

지금은 고인이 되신 아버지와 병마와 싸우고 계신 어머니, 그리고 사랑하는 아내에게 이 시집을 바칩니다.

첫 시집을 출간하기까지 아낌없이 성원해주신 모든 분들께 깊이 머리 숙여 감사의 마음을 전합니다.

독자분들의 가정에도 건강과 행운이 가득하시길 기원합니다.

2018년 5월 봄날에

初月 윤 갑 수

제1부

너와 나는 하나

제2부

봄날 잔별이 내린다

제3부

마음속에 핀 꽃

제4부

세월과 계절이 넘나들다

제5부

가을이 물들인다

제6부

삶과 인생

제7부

바람길

제1부

너와 나는 하나

부딪쳐봐

부딪쳐봐
나약한 자신을 버리고

용기 한번 내봐
사랑도 쟁취야

뒤돌아보지 말고
앞만 바라봐

그리고
달려가 부딪쳐봐
넌 할 수 있어
한번 해봐

내가 너라면

내가 너라면
죽도록 사랑한다
말했겠지

내가 너라면
널 놓치지 않았을 테고
넌 내게 소중하니까

한여름 땡볕같이
타오르는 그런 사랑
할 수 있을 텐데

지금도 늦지 않아
한번 해봐

햇살

햇살 바라봐
참 좋아!
궂은비 내릴 때
두려움이 물들 때
무지갯빛 햇살
드리우면
참 좋아!
어둠이 두고 간 자리
아픔이
머물다 간 자리엔
숨결이 노을 져

한번 해봐

내가 너라면
용기도 냈을 거고
내가 너라면
고백도 했을 거고
내가 너라면
사랑의 큐피드를 쐈을 거야
사랑도 쟁취야

내가 너라면
좋아한다 했겠지
속만 태우지 말고
고백해봐
사랑한다고
한번 해봐

내가 너라면
사랑하는 연인에게
프러포즈했을 거야
후회하지 말고
지금도 늦지 않아
한번 해봐

웃음보따리

햇살 곱게 비추면
당신의 얼굴엔
행복이 넘쳐흘러요

웃어보아요
해맑은 얼굴로
활짝 핀 장미꽃처럼
방긋 웃는 미소가
매력입니다

기쁨이 너울질 때
흐르는 눈물은
행복의 웃음보따리

마법에 걸려도 좋아요
덩달아 기분 좋게
한번 웃어 봐요
해맑은 미소처럼

빙그레~ 빙그레~
요렇게…

짝사랑

널 만나면
아침 햇살처럼
눈이 부셔

맑은 미소 지으면
가슴이 터질 것 같아
사랑하나 봐

언제부터인가
내 안에 네가
자리 잡고 있어

너만 바라봐
해바라기처럼…

너무 좋아 1

햇살 바라봐
붉은 장미꽃보다
고운 부챗살처럼
반짝이는
동녘 하늘을 봐

떠오르는 태양
마음 시리도록 드리운
작은 눈빛
감미로운 햇살이 좋아

삶이 저무는 날
서녘 하늘을 바라봐
넘 아름다워!

그리움

때로는 그대 가슴에
포근히 기댈 수 있기를
당신 사랑이 그립다

하지만
이미 떠난 님인 것을
돌이킬 수 없는
추억의 그림자일 뿐

이 빠진 술잔에
가득 채운 그리움
널 마시면

한동안
여울진 사랑의 꽃이
눈가에 살랑인다

잊어봐요

멍울진 옛 추억
잊어봐요
그러면 좋을 거야

하루아침에 잊을 수
없지만 노력해봐요
한번 해봐요

가버린 세월 앞에
흔들리는 너의
작은 눈동자

비운 만큼
맘도 가벼워
잊어봐요 너무 좋아요

너무 좋아 2

아롱진 아침 햇살
바라봐

하늘하늘
가슴 뜨겁게 드리운
작은 사랑

감미로운 빛
뜨겁게 달궈진 사랑
영글면

저녁노을에
잠긴 너의 하루
햇살 바라봐
너무 좋아

동행

까르륵까르륵
노래 부르는 니들은 좋겠다
저~ 넓고 푸른 바다와
하늘에서 바람 타고 노니는
친구들이 있어서…

그저 바람에 몸 맡기고
너울너울
춤추는 니들은 행복할 거야
사랑하는 이와 니들을
보노라니 괜히 눈물이 나

못난 시인을 만나 함께한
세월을 되돌아보게 해
나도 이제
해 지고 달 뜨면 고백해야지

그대
손이 되고 발이 되고 싶다고
아내로 살아줘서 고맙다고
사랑한다고…

해바라기 당신

해맑은 모습으로 바라보지 마세요
당신이 웃으면 난 바보가 되어요
날 내려다보지 마세요
당신이 볼 때마다 수줍어 고갤
숙입니다
비가 오나 바람 불어도 태양처럼
웃음 짓는 당신의 모습이 행복해
보입니다
빛나는 햇살같이 미소 짓는 꽃잎이
힘든 나를 웃게 합니다
밤낮으로 늘 나만 바라보는 당신
그대 바라기 해바라기 꽃이 활짝
웃고 있습니다
당신의 얼굴에도 해맑은 꽃이
화알짝 피었습니다

제2부

봄날 잔별이 내린다

맑은 햇살

흔들리는 영롱한 저 눈빛에
햇살이 젖는다
구름에 깔린 태양의 빛은
흔적을 잃고 저물녘이 되도록
햇살은 끝내 얼굴을 들추지
않았다
무심코 밝은 날의 고마움을
잊고 살아온 지난날
이슬 곱게 내린 새벽 무렵
산마루에 올라 그대 얼굴을
다시금 바라보니 아~~아
어두움을 벗긴 빛의 신비여!
태양아 너를 품고 싶다

낙조(落照)의 파편(破片)들

삐쭉 뻗은 빌딩 숲 사이로
사라진 햇살과 숨바꼭질한다

서녘 끝자락
타오르는 그리움
마음의 깃털이 산산이 흩어져
저 멀리 사라지는 조각구름처럼
붉게 부서지는 노을은 지평선
너머로 시든다

아직 햇살이 남긴 삶의 여운
노을 진 강 물결이 살랑이니
서산은 이미 어스무리* 낙조의
파편들로 어둠을 채우고

긴 터널을 뚫고 다가온 달님이
빙그레 미소를 짓는다

* 어스무리 : 조금 어둑한 상태.

포용(包容)의 해

먼동이 튼다 수평선 너머로
붉게 노을 진 바닷가의 숙연함이
눈빛에 각인(刻印)되어 아른거린다

펄펄 끓듯 황금 물결 출렁이는
동명항 앞바다 밀려오는 파도
그대 향해 질주하면 허공 속으로
꿈틀거리는 소망이 용솟음친다

흰 파도가 눈부시게 빛나던 바다
갈매기들도 아침 찬거리 찾아
하늘 높이 힘차게 비상한다

포용(包容)의 해가 그대 희망을
품으니 파란 새싹이 가슴에서
움튼다

지는 노을

햇살 잃은 태양은 남루한
노인의 등을 짓누른다
세월의 무게를 못 이겨서일까
버겁도록 휜 등이 작은
마루가 되었구나!
질곡(桎梏)의 삶이었을까
끊임없는 물음표가 머리에서
떠나지 않는다
우리도 언젠가 저리될 걸
아는지 모른지
바삐 돌고 도는 세상살이에
뒤안길 돌아볼 힘조차 없는
세월의 무게만큼 발길이 무겁다
홀로 가는 나그네 눈길
서산에 붉은 노을이 유혹하니
석양엔 하얀 미소 가득하다

흩어진 불빛

어둠 속 불빛이 하늘거리니
서글픈 사연을 잊어버린
시들은 불꽃이여!
바람도 피할 수 없는 세월
머물지 못해 사라진 너

진저리 난 떨림도 구름 속으로
저물어간 너의 작은 그림자
영혼은 흐느적거리는 햇살에
눈물 흘린다

버림받은 세월의 수줍음에
그만 울어버린 너의 자존심
애간장만 태우지만

잠시 머물다 달아난 잿빛 구름
아쉬움을 달래듯 바람 앞에
살랑이다 불빛 속으로 흩어진다

욕망(欲望)의 불빛

꺼져 가는 생명의 불빛
타다 남은 너의 반쪽은
뿌연 욕망 속에 허덕이다
세상에서 버림받고

심안(心眼)을 가린 헛된 꿈
햇살은 바람결에 흔적을
지우고 달아난다

벗어나지 못한 탐욕(貪慾)에
타다 만 너의 존재
이제 더는
쓸모없는 불쏘시개일 뿐

쓰이다 잘리고 버려진
작은 꿈은 한 줌의 재가
되기까지 절대로 욕망의
불빛은 타지 않는다

보석을 만든 햇살

햇살이 부챗살처럼 내려와
내 눈가에 아롱진다

맑은 햇살
아롱다롱 맺힌 여울진 이슬
영롱한 보석으로 다듬어
반짝반짝 눈부시게 한다

풀잎에 맺힌 이슬은 무게에
못 이겨 또르르 땅에 눕고
햇살은 하늘 향해 내달음질
친다

해 기울면 부서지는 햇살
황혼 빛깔로 다시 태어나
서녘 하늘 끝 예쁜 꽃으로 피어
세상에서 하나밖에 없는
보석을 만든다

봄날 잔별이 내린다

따스한 봄바람 앞에
이름 모를 잡초들이
파릇파릇 하늘거린다

개나리 진달래꽃
수줍게 피어 유혹하니
볼우물*이 예쁜 님의 얼굴
꽃이 되어 그대 가슴에
향기로 물들인다

노고지리*
우지 짓는 애끓은 사랑은
하늘에 잔별이 되어 서성이고
두견화 붉게 수놓은 멧부리엔
가는 님이 서러운지
매지구름*에 걸린 수줍은
여우별*처럼
지는 꽃잎을 잠재운다

오늘도 파란 하늘을 펴 올린
눈가엔 지나간 봄의 흔적을

지우려 깜박이니
하늘엔 잔별이 내린다

* 볼우물 : 볼에 팬 우물이라는 뜻으로, '보조개'를 이르는 말.
* 노고지리 : 종달새.
* 매지구름 : 비를 머금은 검은 조각구름.
* 여우별 : 궂은 날 구름 사이로 잠깐 났다가 사라지는 별.

한여름 밤의 잔별들

어둠에 싸인 하늘엔 잔별들이
깨어나 서성이고 바라보는
눈길 따라 보일 듯 말 듯
잔별은 이렇게 자신을 알린다

별빛 녹아나는 가로등 아래
하루살이는 은하별만큼이나 한밤을
좋아하듯 빛을 좇아 나랠 편다

달빛 저문 새벽이면 투덜대는
바람의 속삭임에 반겨주는
달맞이꽃이 이슬을 머금는다

어둠 뚫고 먼동이 트면
잔별들과 함께 노란 꽃잎 여미고
햇살을 베개 삼아 긴 잠을 잔다

아메리카노 커피

아침 일찍 거실에 맴도는
은은한 커피 향이 상쾌한
하루를 열게 한다

두 눈 감고 커피잔에
마음을 묻으면 그윽한
향기는 코끝에 머물다
목덜미를 따라 쪼르르
찰나의 순간을 놓치지 않고
맛을 음미(吟味)하고

어느새
구수한 내음의 유혹(誘惑)에
맛 들여진 노예(奴隸)가 된다

매일 마시는 일상사지만
아내의 정성이 가득한
커피 한 잔의 입맞춤에
님의 사랑도 마신다

한 줌의 햇살이 그리워

한 줌의 빛을 가린 숲속엔
한평생 비껴간 햇살이 그리워
하늘 바라기 하는 풀꽃들이
땅을 베개 삼아 널브러져
있습니다

비둘기 구슬피 우는 해 질 녘
꽃들은 제각기 꽃잎 옹글고
몸을 맡긴 바람에 건드렁지게
잔잔한 미소로 흐느낍니다

삐쩍 마른 대지에 비 소식은
깜깜무소식인데 개미들은
집을 높이 세우느라 여념 없지만
그늘진 숲속엔 봄날이 집니다

계절의 속삭임
아카시아 꽃잎 질 때면 아마도
향기에 취해 가는 봄을
그리워할 겁니다

찬란히 빛날 희망

지나간 꿈들의 세계를
토닥이는 것은 욕망의 바람이
흔들리는 삶을 달래주기
때문이다

건잡을 수 없었던 추억의
보따리를 풀어 젖히니
뽀얀 속살 드리운 가슴 언저리에
내려앉은 젊은 날의 꿈들이
파릇이 싹을 틔우지만

커지는 욕망의 불빛이 시들면
설움은 꽃이 되고 향기가 되어
핏빛이 녹아 그리움이 되지만

신선한 삶의 향기는 세월의
그늘 속에서도 찬란히 빛날
희망과 사랑으로
그대 가슴에 불씨를 피운다

빛의 신비로 오신 분

해마다 5월이면 피는 꽃은
죽음을 통해 세상을 구원하고
어둠을 밝히는 빛으로 오시는 분

우주 만물을 사랑하는 꽃으로
믿음의 꽃을 활짝 피우고
사랑의 열매를 맺게 하신 당신

꽃향기로 다가와 가슴 깊이
자리 잡고 열정의 꽃이 되어
영혼의 기쁨으로 피어올라
빛의 신비를 일깨우고 있습니다

봄빛은 어둠의 햇살을 감추고
감미롭게 부활하신 날 해맑은
빛으로 반짝입니다

빛으로 오신 님을 향한 그리움은
오늘도 2000년 전 햇살같이
당신을 빛으로 느껴봅니다
뜨겁게 다가오는 당신의 참사랑을

넌 봄을 알까

진달래꽃 여민
산기슭에 두견조
읊조리는 노랫가락
바람이 흩어지니
하늘은 마알게
햇살이 춤을 춘다

땅강아지 툭 세상
밖으로 나와
빛을 보고 놀라더니

햇살 드리운
꽃그늘에 잠시 머물다
익숙한 고향으로
내달음질 친다

꽃 피는 춘삼월
꽃 세상에서 만나
고향으로 달려간
넌 봄을 알까

님을 위로하소서

살랑이는 봄날 님은 갔습니다
한세상 낡은 육신을 남겨 놓고
님은 갔습니다

한 줌의 재가 되기까지 영육의
순간들을 보듬고 님은 갔습니다
세상 끝나는 날
애타게 불러도 대답 없는 님은
훨훨 날아가는 천국 열차에
님의 넋을 맡기우고
새로운 여정(旅情)을 시작합니다

멀고 먼 님의 고향으로 돌아가는 날
눈물이 앞을 가린 오열 속에
활활 타오르는 불꽃은 육신을 태워
한 줌의 재가 되었습니다

하늘 끝 해맑은 햇살이
오늘따라 눈부시도록 반짝입니다
따스한 빛의 신비로 다가와 고된
영혼을 달래주시는 사랑의 주님

당신 품속에서 영원한 안식을
얻게 되었으니 그대 님이여 이제
편히 쉬소서!

봄날이 주전 부린다

봄바람 따라 조각구름이 잰걸음으로
햇살을 접는다

긴 잠 자다 깨어난 이른 봄날
황급히 달려온 황사
파란 하늘을 누렇게 물들이니 병원엔
환자들로 문전성시
아이들 울음소리 봄을 깨운다

봄이 오는 길목 복수초가 반짝이는
세상에 자리를 깔고 밥상 차려놓은
이른 봄날 방긋 웃는다

몸살 걸린 봄이 꾸부정히 눈을
흘긴다
하지만 살며시 핀 너도 바람꽃이
활짝 웃으니 봄날이 주전 부린다

바람난 봄

피는 꽃은 희망을 자라게 한다
시들어가는 꽃의 운명은
사랑을 얻기 위한 몸부림

봄에 피는 꽃은
그리움의 씨앗을 얻기 위함이요
벌 나비를 유혹하는 봄 향기는
풍성한 열매를 얻기 위함이다

가을에 피는 꽃을 봐라
세상에 나와 열매를 얻기보다는
오로지 딱 한 번의 사랑을 위해
몸부림치며 빛을 발하는 천사들의
유혹일 뿐
된서리 맞은 들국화는 색 바랜
드라이플러워가 되어 빈 가슴을
달랜다

고운 햇살 따라 사랑을 토해내는
살구꽃 향기 가득한 바람난 봄날
아기씨의 눈빛을 유혹한다

봄나물

푸른 물결 미소한 바람결에
한강에 봄이 오고 있다

버들강아지도 보송보송
솜털은 더욱 은빛 나래 펼치고
강둑엔 쑥 냉이들
나물 캐는 아낙네들

부푼 가슴에 봄바람만 가득가득
바람난 봄 처녀처럼 무슨 얘기가
그리들 많은지 입가엔
밝은 미소 머금고

한가득 바구니엔
나물 가득 사랑 가득 웃음 가득
봄을 가득 담아 저녁엔 냉잇국에
봄을 말아 먹고 싶다
사랑이 듬뿍 담긴 아내의
손맛과 함께…

제3부

마음속에 핀 꽃

들꽃이고 싶다

가고파도 갈 수 없는 이 길
아직 낯설기만 하고
길섶에 잠든 영혼을 깨우는
들꽃이고 싶다
벌판에 널브러진 잡초 같은 인생
돌아갈 수 없는 그대는
노란 민들레꽃이 되었다
이는 바람결에도 꺾이지 않고
절개를 지키다 죽어서도
그대 머문 자리에 다시 또
피어난 강인한 들꽃처럼
나도 너처럼 되고 싶다
어릴 적 노닐던 그곳엔 지금도
너를 기다리는 들꽃들이
흐드러지게 살랑이고 있다

이름 모를 풀꽃

보이나요
이름 모를 저 풀꽃
살랑이는 눈길에
인사를 합니다

바람이 지나간 자리
눈에 밟힌 반짝이는
꽃잎 하나

덧없는 풍파 속에
이름 모를 너지만
세상에 나와 한 송이
꽃을 피웠으니

그래도
넌 나보다 낫구나!
나보다도…

풍년초(망초꽃)

한여름 날
이른 아침 길섶에 풀꽃들이
다붓다붓 이슬 머금고
흐드러지게 피었다

한낮 눈부신 햇살에 헐레벌떡
숨넘어가듯 축 늘어진 잎들
저물녘 그늘지면
아득한 하늘 향해 하얀 미소
지으며 노오란 속살 드리운다

고향산천 흔하디흔한 너지만
자세히 보면 볼수록 올망졸망
조막스레* 어여쁘게 피었으니

올해는 풍년일세 풍년이야
이름하야 그대 풍년초(豊年草)라 했던가!

* 조막스레 : 주먹보다 작은 물건의 덩이를 비유적으로 이르는 말.

봄의 새싹들

봄이 오는 길목
여명을 가린 구름이 촉촉이
세월을 만지작거린다

목말라 애태우던 까칠한 봄
가면에 빠진 나목들이 깨어나
찔끔 세상을 맞이한다

햇살 드리운 나목에
막혔던 물관이 길을 여니
여리되 여린 싱그러운 눈엽들이
봄나들이한다

푸른 초원
아지랑이 너울진 따스한 날
희망의 씨앗을 심으니 봄의
새싹들이 자라나 사랑의 숲을
만든다

조팝나무 꽃

초록빛 저고리 걸쳐 입고
이는 바람결에 풀무질하면
꽃들이 하얀 튀밥처럼
툭툭 튀듯 피어난다

속살 드리운 가녀린 가지에
다붓다붓 피어나 반겨주는
순백(純白)의 꽃 무리들

자투리 공원 길모퉁이에
하얀 꽃 섬 만들면 어릴 적
어머니가 차려주신 쌀밥의
그리움으로 다가와
옛 추억을 들춘다

올망졸망 피어난 조팝나무 꽃잎이
지는 봄날
우수수 흩날리면
파릇한 새싹들이 하늘거린다

하얀 분꽃

자드락 비에 목마름을 축이더니
흰 분꽃이 소담스레 피었다

하지만 햇살의 화살에도
아랑곳하지 않더니
세찬 비바람에 두들겨 찢겨지고
휘어진 가지에도 하얀 분꽃들이
다붓이 피어 허공에 나발을 분다

욕망의 햇살에 자지러져도
여름 한낮에 피는 넌 어릴 적
누이가 좋아하던 분꽃이라

장독대 옆 하얗게 질린 나팔수들이
하늘 향해 희망의 나발을 분다

이팝나무 꽃

— 울 엄니

우리 엄니
쌀밥 지으셨나!
쪽 찐 머리에
순백의 꽃이
피었네

아들 위해 지으신
쌀밥처럼

기다리는
엄니의 눈가에도
하얗게 내려앉아

세월의 꽃
흰 꽃이 피었네

마음속에 핀 꽃

산 중턱 언저리에
다붓다붓 앙증맞게 여민
넌 누구더냐

무심코 지나쳐버린
가시덤불 속 여울진 너의 미소
아가의 순진한 얼굴 같구나

훌쩍 자란 잡초 새에 끼여
인고(忍苦)의 시간을 이겨낸
쫴만 꽃 한 송이
굽이진 세상에서 널 만나니
희망의 씨앗이 움튼다

피고 지는 질곡(桎梏)의 세월
긴 기다림은 비껴갈 수 없지만
자세히 보니 넌 귀하되 귀한
내 님의 꽃이로구나!

능소화 연정(戀情)

햇살 따라 울 타고 기어올라
한 많은 세월을 달래려
담 넘은 우듬지마다 여민
능소화여
길가에 눈빛을 놓는다

그리움에 사무쳐
죽어 꽃이 된 소화의 한(恨)이여

저물어가는 여름날 길목을
서성이다 흐느끼는 바람이 되어
슬픔으로 뚝뚝 꽃잎 적신다

애틋한 단심은
지금도 변함없는 정절이련만
뜨거운 태양의 그림자에 꽃잎
저미니
님은 오지 않고 기약 없는
기다림은 망부석이 되었구나

꽃길

울긋불긋 흐드러지게
미소 짓는 코스모스
푸른 하늘만큼이나
청초하고 아름답다

아침 이슬 머금는 꽃망울
햇살 드리우면
활짝 여민 꽃잎은 태양의
눈빛에 젖어 출렁이고

이는 바람 따라
풀어헤친 머릿결처럼
다정한 연인의 향기처럼
꽃 내음은 님에게로 다가와
사랑을 속삭인다

가을이 사랑이 영글어가는
코스모스 꽃길 한강 변엔
행복한 미소가 가을바람에
흔들거린다

꽃이 되고 싶어

따스한 봄날
꽃망울 드리운 그대 내음에
흠뻑 취하고 싶어요

내가 다시 태어나면
난 꽃이 되고 싶어요

흐드러지게 여울진
순백의 목련꽃처럼
꽃이 되고 싶어요

미소 띤 눈빛에
진한 향기로 다가와
맑고 고운 몸짓으로
사랑을 속삭이고 싶어요

내가
다시 태어난다면
그대 그림자로 남아
영원히 지지 않을 사랑의
꽃으로 남고 싶어요

꽃으로 피어나라

피어나라
그대 가슴에 너울진
마음 사로잡는 꽃으로
피어나라

끝없는 망망대해(茫茫大海)를
건너 산을 넘어온
바람 앞에서도
꺾이지 않는 강인한
꽃으로 피어나라

생명의 꽃
사랑의 꽃
삶 속에 피고 지는
인생의 꽃으로 피어나

얽히고설킨 매듭
풀어주고
상처 입은 영혼
달래주는 꽃 중의
꽃으로 피어나라

해바라기꽃

해만 바라보지 말고
가끔은 우리도 봐주세요

오로지
님을 향한 옹고집은
그리움의 태양도
탄복(歎服)을 합니다

비바람 몰아쳐도 하늘만
바라보다
지친 노오란 꽃잎이
저미어가면

보름달 같은 얼굴
꽃잎 진 그대 머문 자리마다
검은 눈빛만이 알알이
아로새겨 있지요

한 번쯤 나도
가을의 전령사가 되어
저 높은 곳
그대를 향한
진정한 당신이고 싶습니다

안개꽃

꽃다발에 곁들여도 예쁘고
그 자체만으로도 예쁜
잔가지에 자잘하게 다붓이 핀
순백의 하이얀 꽃

일 년에 한 번 아내의 생일에
난 기쁜 마음 한 아름 안고
귀가를 서두릅니다
웃는 모습이 예쁜 사랑스러운
아내를 닮은 소담스런 안개꽃을
가슴에 안고

세상에서 장미꽃보다 더
아름답고 예쁘다며
셔벗(Seherbet) 먹듯 조잘대는 소녀의
마음을 닮은 청아한
그 안개꽃

작은 꽃송이 모아 모여
방 안 가득 풍선에 매달아 놓고
싶다던 그 안개꽃

님의 생일날
발걸음이 무척이나 가볍습니다
아내가 행복해하는
하얀 미소가 눈앞에 아른거려
안개꽃 무리가 온천지에 활짝
핀 듯합니다

능소화

소담스레 미소 머금는 님이여
그 눈빛에 드리운 영혼이여!

반짝이는 여우별처럼 영롱한
순백의 사랑으로 맺어진 그대여

타오르는 열정 속으로 빠져들면
속삭이는 연인이 되고

기다리다 지쳐 외로움이 쌓여
그리움이 피어오르면
사랑 찾는 넋으로 다가옵니다

울 너머 내 사랑 오실까
긴 목 내민 수줍은 얼굴에 주홍빛
드리우고
다소곳 마음 저민 여심의 눈빛
내일이면 오시려나
그대 그리운 님 소화의 꿈이여!

제4부

세월과 계절이 넘나들다

유월 단비가 내린다

달 반 지나도록 허공을 맴돌다
방울방울 떨어지는 빗방울은
시들어가는 마음의 갈증을
달랜다

타들어가는 작물들이 애원하듯
엄마 젖무덤을 찾는 아기처럼
메마른 내 가슴에 단비가
내린다

죽음의 문턱에서 헐떡이다
온몸 다독이는 그리움의 입맞춤으로
뭉글뭉글 핥으니 허기진 잎들이
파릇이 살아나 시름한 구릿빛
농부의 얼굴엔 화색의 꽃이 핀다

비야 내려라
그대 빈 가슴 가득 채울 수정 같은
감로수로

마음의 문을 여는 장미

울 너머 가녀린 꽃잎이 살랑인다
달빛에 그을린 한 여인의 눈에
밟힌 추억은 이슬이 되어 내리고

어둠 밝히는 수많은 잔별처럼
여울진 꽃들이 달빛에 잠 못 들고
아침 햇살은 꽃잎에 내린 이슬을
마신다

젊음을 더듬거리다 그리움으로
유월의 문을 활짝 여니 향기로운
장미꽃이 다소곳이 웃는다

그대 실루엣 같은 싱그러운 얼굴로
다가와 격한 사랑을 속삭이니
한 번쯤은 나도 마음의 문을 열어
널 품고 싶다

흘러간 사공의 눈물

강물을 거슬러 노 젓는 뱃사공아
흘러가는 강물을 원망(怨望) 마라
노 저을 때마다 헐렁대던 나래만
삐그덕삐그덕 꺾어진 세월을
이야기한다
거머리처럼 달라붙은 손때 묻은 노와
떠나간 강물을 거슬러 간 세월이
얼마이던가
청춘이 저물어 꼬부랑 노인이
되었어도 천직으로 살아온 지금
멈춰선 낡은 나룻배 대신
다리가 놓였다
드문드문
어쩌다 추억을 더듬어 찾아주던
나그네 발길도 끊어진 오늘
세월의 무게만큼 푸욱 패인
주름진 얼굴 시름만이 가득하다

댕댕이 덩굴

조막손 쥐듯 나무 우듬지까지
기어올라 햇살 바라기 한다

음지에서 살 수 없는 운명
어둠 깔린 그늘을 피하기 위해
숲속 하늘 높이 길을 내며 손을
쭉쭉 뻗어 허공에 몸을 맡긴다

살기 위한 처절한 몸부림은
잠시 잔별의 속삭임에 잠들다
아침 이슬 머금고 햇살에 몸을
비비면 어느새 질기고 질긴
덩굴로 쓰임의 재료가 된다

가을날 할머니의 손길에 멍석이나
바구니로 다시 태어나는 댕댕이 덩굴

그대 마음에 꽃이 피던 날

벌겋게 물든 다홍빛 물결이
내 가슴에 사랑의 불꽃을 태운다
출렁이는 파도에 그대 영혼
하얗게 물들인 은빛 모래언덕
어느새 눈물 젖은 바닷바람에
놀라 속이 텅 빈 조가비들만
하늘 끝에 잔별처럼 살랑인다
한낮 햇살에 영근 백사장의
열기로 가득한 밤 젊은 여인들
사랑을 속삭이니
지샌 달빛 그림자에 가려진
수많은 모래알만큼 향기로 다가와
햇살은 눈먼 님의 영혼에 예쁜
해당화 꽃을 피운다

삶의 일부를 잘라낸 아픔

솔향(香) 가득한 뒷동산에 윙~윙
기계톱의 굉음이 한동안 요란 터니
무섭도록 고요하다

생채기를 다독이려 고통을 감싼
진한 눈물이 하염없이 주르륵
땅끝까지 내려와 눕는다

오랫동안 가뭄에 지친 풀잎들이
누렇게 타들어갈 뿐
바람 한 점 없는 산중의 한낮
풀벌레 소리만 고요함을 깨운다

인위적으로 잘려진 삶의 일부
이별의 아픔이 얼마나 컸으면
채찍 비 내리듯 몸의 상처를
달래려 끈적이는 진물이 줄줄
흘러 그대 가슴을 적신다

하룻밤의 사랑은 가고
— 하루살이

한여름 밤
시작이자 끝인 날 일제히 우화(羽化)한
하루살이
사랑 찾아 나래를 활짝 핀다

가뭄에 허덕이다
단비 내리던 날 긴 기다림 속
짧은 만남을 위해 인고의 세월을
이겨낸 님들의 향연(饗宴)

하루만을 살기에
입도 내장도 없는 기구한 운명
이 진실을 아는지 모르는지
그 유혹의 피날레가 잔별처럼
쏟아져 하늘을 덮는다

하지만 이들은 사랑을 속삭이다
자신을 닮은 씨알을 낳기까지
죽어서도 날개를 절대로 접지
않는다

비껴가는 세월

궂은비 내리는 여름날 오후
후덥지근한 무더위로 망가진
심신을 달래주는 시원한 자드락비*가 내린다

흔들리는 삶의 여정
케케묵은 꿈들이 하늘 향해
푸념을 늘어놓고
비껴간 세월만큼 구겨진
너의 작은 그림자 발밑에서
조잘조잘 거들먹거린다

숨겨진 햇살이 다시 삶을 비추니
흩어진 세월 바람에 실려간
자리엔 태양이 눈부시게 빛난다

조금은 아파했을 영혼을 달래주는
어두운 세상이 아름답게 정화되니
그대 얼굴엔 화색의 꽃이 핀다

* 자드락비 : 굵직하고 거세게 퍼붓는 비.

아른거리는 내 고향

어느 봄날
가슴 언저리에 그리운 추억이
뜨겁게 사근대니 마음은 이내
고향으로 달려갑니다

저물녘
붉게 물들인 하늘을 바라보니
철새들은 길라잡이를 필두로
귀향을 하건만 언제쯤 우리는
님 계신 곳으로 달려갈까요

가끔씩 꿈속에서나마 어릴 적
시골 뒷산을 주름잡던 추억을
더듬을 뿐
눈 뜨면 허무함만이 천장에서
뚝뚝 떨어집니다

아침 햇살이 창문을 두드립니다
멍 뚫린 가슴으로 하늘을 바라보니
어릴 적 그리운 향수를 머금는
뭉게구름이 피어오릅니다

보리밭길

바람이
살랑이니 초록빛
여울지고

청보리
꺾어 불던
그리운 죽마고우

그리워
하늘을 보니 조각구름
떠가네

햇살이
부서지는 보리밭
추수 날에

베적삼
소맷귀에 땀을 훔친
바쁜 손길

아버지
환한 얼굴이 만월(滿月)처럼
반짝이네

세월

자욱한
산기슭에 운무가
넘실대니

햇살은
멧부리에 한 가닥
빛 뿌리고

흘러간
텅 빈 세월을 한탄(恨歎)하듯
눈을 감네

흔적(痕迹)도
없는 세월 곱씹을
뒤안길을

서둘러
왔건마는 보이는 건
모두가

뿌옇게
흩어져버린 옛 추억만
흘러가네

촌로(村老)의 세월

인적 드문 오솔길 따라
홀로 거니는 촌로의 어깨너머로
바람이 스쳐 지나간다

지난 세월을 주섬주섬 담으려
텅 빈 주머니를 열어도 비울 수
없는 인생

추억을 담은 발걸음마다
희로애락(喜怒哀樂)을 수놓던
만고(萬古)의 세월 앞에 촌로의
얼굴엔 빛 잃은 초월(初月)처럼
아늑하다

고즈넉한 이 길
야생화가 너울대는 여름날 오후
잠시 쉬어가는 촌로의 밀짚모에
앉은 잠자리 한 마리
님의 어깨를 가볍게 한다

세월(歲月)의 강(江)

흘러가는 강물은
바람결에 흐느적거리고
강 넘어 데려다줄
조각구름 떠가니 세월도
따라 흘러갑니다

허공을 젓는 뱃사공의
손때 묻은 노와
낡은 목선(木船)도
멈춤을 아는지 모르는지

서녘 하늘 끝자락
푹 파인 눈가엔 황혼빛
그림자 아롱지고
세월을 숨긴 강물은
지금도 흐릅니다

마음의 강

그대!
당신을 만나 세월의 강 만들고
말없이 흐르는 세월의 흔적들
아무리 비가 내려도 흐르지
않은 마음의 강

메말라버린 아픈 상처마다
피어오르는 그대 향기는
눈물이 흐르는 마음의 강에 녹아
사라지지만

풀 한 포기
나무 한 그루 살지 않는 그곳엔
신기루만 너울너울 춤출 뿐
강물에 실려 그리운 흔적들만
하염없이 스쳐 지나갑니다

언제쯤 삶 속 아롱진 영혼을
흐르는 전율의 텔레파시에
긴긴밤 고요함을 깨우고
다독이는 등불이 되어 강물이 된
사연을 그대는 알까

제5부

가을이 물들인다

고향의 가을은

곱게 물든 단풍잎이 하늘거린다
지천에 속삭이는 아리는 님들
예쁜 옷 갈아입은 고향의 뒷동산

밤나무마다 쫙 벌어진 알밤이
떨어져 즐비하게 땅에 뒹굴고
구절초 엮어 매달아 놓은 처마 끝
가을 향기 가득하다

따스한 햇살이 눈에 밟히는 날
유난히도 활짝 핀 들꽃을 좋아
하셨던 아버지가 그리운 계절

산과 들엔 꽃과 단풍이 어우러져
고향의 풍경을 빚은 쪽빛 하늘엔
추억이 둥실둥실 떠간다

사색(思索)의 보따리

공산성을 감싸고 유유히 흐르는
금강 물결 위에 내려앉은 쪽빛
하늘이 눈으로 쏟아진다

멀리서 들려오는 갈잎의 속삭임
사각사각 갈대 섬은 열애 중이다
세월을 낚고 싶었던 것도 잠시
흩어진 심신을 다독이려 하지만
갈잎의 노래에 시선을 빼앗기고
허공을 맴도는 미끼를 덥석 물은
질곡의 세월들이 텅 빈 거머리
망을 한가득 채운다

지그시 감긴 가슴에 맺힌 눈물
하염없이 흘러 강물과 만나면
주섬주섬 아물지 않은 넌더리* 나는
상처를 강물에 씻기우고 흘러간
강물만큼 주옥같은 세월 물 위에
반짝이며 햇살을 잠재운다

오늘도 쪽빛 하늘 가득 담은
사색의 보따리를 한 짐 풀어헤치고

길라잡이 하는 잠자리 떼를 따라
무뎌진 발길을 돌린다

*넌더리 : 지긋지긋하게 몹시 싫은 생각.

만추(晩秋)의 한(恨)

벌거벗은 나목들이 텅 빈 자신의
모습을 보듬는다

온몸을 뒤척이다 빛바랜 단풍잎
우듬지에 매달려 살랑거리다 놀란
가슴에 얼른 눈을 감는다

까탈스런 무더운 날씨에도
울창한 숲을 앗아간 만추의 끝자락을
원망하다 기절을 한다

흔들거리는 몸을 치켜세우고는
변함없는 적송과 마주 선 자신을
바라보며 묵언으로 일관하다 봄이
올 때까지 긴 수행을 한다

가을이 주고 간 희비의 엇갈림에
나목은 조용히 잠을 청한다

가을이 굴러간다

파란빛이 들뜬 눈가에 녹는다
가을빛 조각구름 타고
가슴에 파고드니 허름한 옷을
입은 허수아비 홀로 바람 타고
참새 떼와 허공을 쫓는다

푸르렀던 콩밭이 어느새
누런 잎들이 살랑이고 황소의
되새김질하는 여물처럼 가을은
여인의 눈가에 서성인다

몇 새 지나 여름이 달아나버리듯
들국화 향기 가득한 들녘의 오후

알밤 한 줌 가득 채운 주머니
작은 손에 쥔 가을이 데굴데굴
굴러간다

널 데리고 가니 허전하다

가을을 데리고 갈
비가 추적추적 가슴을 후빈다

어렵사리 조석으로 곱게 물들인
단풍잎은 뜬구름 잡듯 허무하게
이별을 고하니
한세월 함께했던 거친 눈빛에
헐렁한 그림자만 떠오른다

꾸역꾸역 부서진 상처를 달래려
하늘을 바라보니 민둥산 중턱
억새가 솜이불 덮어 놓은 듯
바람결 따라 물결을 탄다

사각거리는 잎들이 부비부비하다
하얀 물거품 토하듯 하늘거리는
삶의 여운들
조금은 남겨두고 데려갈 가을이
주섬주섬 갈잎의 노래 부른다

만산홍엽(滿山紅葉)

저 멀리 햇살이 반짝이니
눈부시도록 넋 나간 마술의
손짓에 그림을 그린 관악산

자연의 삶이 물들인 가을날
그대 눈에 머물던 조각구름이
흩어지는 그리움만 바라본다

만추가 서성이니 만산홍엽이
나그네 발길을 멈추게 한다

오늘도 질곡*의 세월을 겉절인
단풍잎이 바람결에 하늘하늘
춤춘다

* 질곡(桎梏) : 몹시 속박하여 자유를 가질 수 없는 고통의 상태를 비유적으로 이르는 말.

책갈피에 가을이 잠들다

파란 하늘을 눌러쓴 산들이
연지곤지 치장을 한 새색시처럼
만추객(晩秋客)을 유혹한다

눈부신 햇살 따라 춤을 추는
영혼의 꽃이 되어버린 낙엽들

흘러간 세월을 되돌아볼
겨를도 없이 바람은 이별의
전주곡에 황량한 몸을 떨게 한다

가을빛을 지우려 빛깔 고운
잎들을 주워 눈에 밟힌 자국을
담은 책갈피에 끼워 놓으니
가을이 고이 잠든다

가을빛 물들인다

밤새 별빛에 젖은 속살
드리운 석류
탱글탱글 내려앉은 이슬로
몸을 닦고 아침 햇살 거울 삼아
가을이 붉게 익어간다

영근 가을빛
파란 하늘을 눌러 쓴 들녘엔
풍요로움이 너울대고

시냇가
소 풀 뜯기 하던 아이들
허기짐을 달래주는 콩서리에
서리태 구워 먹은 입가에
짓궂은 웃음이 익는다

그리운 고향의 들녘은
추억 속에서도 가을빛으로
곱게 화장을 한다

사랑의 꽃 피워라

꽃잎에 내린 이슬을 태우는
맑은 햇살이 멍 뚫린 눈가에
시리도록 눈부시게 속삭입니다

메마른 그대 영혼
비틀어진 마음을 담금질하면
슬픔은 자꾸 턱밑에 매달려
애원합니다

부여잡은 손엔 흥건히 적신
삶의 내음이 저미어 서성이고
허옇게 그을린 두 줄기
눈물 자국 위에 지나온 세월의 흔적
조용히 묻어놓으면
고운 빛 햇살이 춤추는 가슴에
그대 사랑의 꽃을 심습니다

함께 가는 길은 참삶의 꽃
지금도 지지 않은 사랑의 꽃이
피었기 때문입니다

노을 진 물결

서녘 하늘 끝자락에 노을 지니
물결이 너울너울 흐느낀다

황금빛 여울지는 뒷모습
내달리는 보트가 비켜 나간 자리
부서지는 하얀 물보라가
흩어지며 파동(波動)이 인다

쌀쌀한 늦가을
땅거미 질 때까지 수상 레포츠를
즐기는 마니아들의 신들린
멋진 포즈가 경이롭다

빛바랜 강변의 잡초는 이미
메말라버리고 버들잎 지는
가을 녘
찬 바람 일면 주눅이 든
햇살이 물결 위에 머물다 강물
속으로 조용히 몸을 낮춘다

바닷가의 추억

해어름 카페 창가에 마주앉아
속살 드리운 갯벌 위로 내려앉은
햇살을 바라본다

가을 녘 갈대가 여울지는 바닷가
수많은 생명체들이 조화로이 사는
모습이 정겹다

아련히 들려오는 뱃고동 소리에
옛 추억이 파도처럼 밀려오고
물결 위에 파노라마처럼 지나간
젊은 날의 로맨스가 너울댄다

밀물이 슬금슬금 들이어 출렁이고
가슴 후려치듯 방파제에 부딪히면
하얀 물거품이 다시금 옛 추억을
한 움큼 머금고 사라진다

경포호

저물녘
노을 진 호숫가에 잔잔한 미소가
너울댄다
붉게 물든 뭉게구름 물결 위에
살포시 내려앉아 사색에 잠기고
외기러기 홀로 텅 빈 호수를
지키고 서 있다
공원 잔디밭 무대 위
비보이들 시끌벅적 둔탁한 리듬에
춤을 추고
놀란 피라미들이 하나둘 툭~툭
세상 밖으로 나들이한다
어둠 깔린 대관령 산마루에
황혼빛 조각구름이 흘러가니
깊어가는 가을밤 경포호엔 낭만이
녹아 물결 위에 노닌다

가을 끝자락

누렇게 질린 갈잎들이
사각사각 바람결에 물결 이는
강물 위에 눕는다

서성이다 긴 목 빼고는
너를 향해 흰 꽃송이 떨구더니
흩어지는 조각구름 사이로
흔적을 지운 서녘 끝자락
햇살의 정겨움이 눈부시도록
가을빛 하늘이 춤을 춘다

길섶에 한 떨기 들국화
외로이 피었구나
그리움 찾는 너의 고운 향기는
세상에 너 하나뿐인 줄
알았다만

가을 끝자락
갈잎의 흐느낌 소리가 귓전에
아른거린다

고향길

나즛나즛 껑충 걸음 새벽길을
재촉한다
영롱한 이슬방울
네 모습 보노라면 난 어느새
눈물이 되고 만다

어스름 고요함을 벗 삼아
서로에게 설렘은 마치 산고를
이겨내고 엄마가 돼버린 아내의
모습처럼 고향길이 그립다

풀잎에 맺힌 이슬을 피하다
미끄러져 내동댕이친 질기고 질긴
기차표 검정 고무신 한 짝
나도 모르게 입가에 비시시
미소를 머금는다

지금은 변해버린 고향 산천
어릴 적 그리움은 내 마음의
고향길

잃어버린 임의 삶은

— 치매

고향이 그리워 정신 줄을 놓았나
흘러간 세월 앞에 쪼그라진 영혼은
달맞이꽃이 되어 하얀 밤을 새웠다

바람이 저만치 서성이다 비껴간
너울진 세월의 눈동자 너머로
파랗게 멍든 가슴을 다독이는 삶
하얗게 센 머리카락만큼 잊고
싶었던 고단한 흔적들
휜 등엔 무거운 등짐 한 짐뿐이다

망각의 병은 허기진 가슴에
꽃이 되어 향기로운 추억만을 더듬고
가끔은 좋은 날을 기억하다 끝내
모두를 잊어버리는 야속한 치매

웃음은 해맑은 눈빛 그늘에서 잠들고
식어버린 가슴엔 설움으로 사무쳐
어느새 애가 되어버린 우리 임은
어머니의 품속이 그리운지 발길을
돌리네

제6부

삶과 인생

삶이란

지는 꽃이 서럽다 하지 말며
피는 꽃이 아름답다 하지 말라

우리네 삶은 희로애락의 굴레
삶은 굴곡이 있기 마련인 것을
좋다고 기뻐하지 말며 싫다고
슬퍼하지 말자

둥글둥글 사는 삶이 인생이다
지는 꽃은 씨앗을 맺기 위함이요
피는 꽃도 열매를 맺기 위함이니

하루에도 수없이 겪을 일상들
삶이 숨 쉬는 한 가봐야만 하는
그 길은 아무도 몰라

시인(詩人)의 삶은

햇살이 눈부시도록 흩날려도
눈 하나 깜박이지 않던
메마른 삶의 굴레 속에 잠든
눈먼 사색의 눈동자

치맛자락 휘날리듯 달려온
세월 속에 허둥대다 이름 없는
꽃이 된 무명초(無名草)처럼

어쩌다 관심 좀 가져줄라치면
거들먹거리는 거만함이 가득한
삶의 뒤안길 아픔 뒤에 내면의
이치를 토닥거린다

시인은 시어를 찾아 헤매이다
고통을 먹고 기쁨을 토해낼 때
시인은 행복을 찾는다

허공에 묻어둘 작은 집

써늘한 너의 눈빛
부서지는 바람에 숨 조이는
너의 고운 얼굴
이슬이 앉았다 떨군다

어둑 밤 조여드는 빈 가슴에도
허공에 묻어둘
작은 집을 짓고 있다

모두가 잠든 밤
삶이 바수어진 세월 속에서
바람 부는 날에는 너의
영혼을 다독인다

까막거리는 잔별처럼
눈먼 희망의 빛이 살랑이고
여울진 창가에 빛바랜 달님이
하늘거려도
거미는 허공에 집을 짓는다

살다 보면 때론

바람을 가르며 내달리던 차들이
갑자기 토해내는 소낙비에 놀라
엉거주춤 기어간다

둔탁한 괴성에 자지러지는 와셔는
혼비백산 뱉어낸 빗물을 가르며
암흑의 세계로부터 앞길을 터준다

한 치 앞도 보이지 않은 도로
길섶에 나신을 싣고 가다 멈춰선
차들이 긴 꼬리 물고 널브러져 있다

자드락자드락 퍼붓는 소낙비
먹구름 속에 설움의 물을 길어
쏟아붓듯 바람도 멈춘 이 길

숨 막히는 세상을 살다 보면
엉금엉금 기어가는 순진한 아가처럼
때론 느림의 미학이 그리워진다

뒤돌아보면

포근한 어머니의 품속에서 태어나
세상에 나와 놀다 어디로 가는 걸까

태곳적으로부터 내려오는 전설처럼
나도 내 안에 간직해온 삶의 씨앗을
암흑의 대지에 싹을 틔우고 싶다

마파람에 흐느적거리는 텅 빈 나목
우듬지에 꺼지지 않은 생명의 꽃눈
솜털로 겹겹이 동여매고 한잠을 잔다

절기마다 각기 다른 자연의 섭리에
동화되어 그들과 하나가 되어가고
추우면 추운 대로 더우면 더운 대로
질곡(桎梏)의 인생사 그래도 희망의
봄이 오고 있다

삶의 길

어디로 가는 걸까 정처 없는 이 길은
나그네의 외로움뿐
바람 따라 흘러가는 외기러기들
눈이 있어도 볼 수 없는 꿈

한평생 좇아다녀도 이룰 수 없는
약속한 그대 꿈
가는 길 멈춰 되돌아보니 추억이
깃든 보따리 한 짐뿐이다

하나하나 꺼내어 만지작거리다
멀고 먼 하늘을 바라보니
붉게 물든 눈가에 파란빛이 녹는다

아무도 알아주지 않은 삶의 길
홀로라도 실려가는 세월 앞에
무거운 봇짐 메고 가는 나그네
그래도 행복하다

인생 항로

수평선 저 멀리 떠나는 배야
인적 끊긴 항구엔 고양이들만
텅 빈 자리를 지키고 있다

화물선 뱃고동 소리에 놀라
물새들이 파도 물결
너울 타고 사라진다

근심 어린 선장의 눈초리
하얀 파고(波高) 꼭대기에 서 있다

햇무리 지는 바다엔 해무(海霧)가
밀려온다
시시때때 변화무쌍한 바다처럼
한 치 앞도 예측할 수 없는
이 길이 바로 인생 항로

유혹(誘惑)

퇴근길
후미진 골목길이 분빈다
구겨진 코끝에 달콤한
유혹의 냄새가 진동한다

막걸리 익어가는 주점을
지나칠 때면 가슴에 저민
고소한 해물전이 허기진
배를 요동치게 한다

찰나의 끈질긴 유혹!
떨리는 눈길 손끝에 힘이
들어간다 딱 한 잔만…

잔술에 녹아나는 삶의
추억을 마시면 마음은 벌써
유혹의 노예가 된다

하루살이

땅거미 질 무렵 가로등 불빛 따라
날아든 하루살이 멋진 만남을 위해
모여든다

입과 소화기관이 퇴화된 가엾은 너
먹을 시간이 너무 아까워서일까
아니면 오로지 사랑을 위해서일까
짧은 하루 긴 밤이 되길 갈망하듯
날갯짓하며 사랑 찾아 비상한다

거미줄에 걸린 불나방도 군침
다시는 굶주린 거미도 가로등 밑의
여름철 일상들이 파노라마처럼
불빛에 스쳐 지나간다

새벽녘 사랑을 끝낸 수많은 사체들
사랑을 목숨으로 승화한 하루살이
마치 우리 삶인 것 같다

사물놀이

밀폐된 공연장 무대 위
꽹과리 징 장구 북 가지런히
놓여 있다

상쇠의 거창한 덕담이 끝나고
꽹과리를 시작으로 어울림의
소리가 시작된다
빠르고 느림의 미학 속에 인간사
이치가 담아 있는 장단의 소리
숨죽인 관객들마다 마음의
씨앗을 틔운다

꽉 막힌 핏줄이 뚫리듯
한 맺힌 가슴속 응어리진
상처뿐인 질곡의 삶들이
하나둘 실타래를 풀어헤친다

둥둥둥둥…
허공에 울려 퍼지는 어울림의 소리
하늘이 열리고 귀가 열리고
마음속 깊이 숨어 있던 우주 만물의
이치를 깨우고, 이들의 손놀림은

신들린 무희들의 처절한 몸부림처럼
우리에게 전해오는 전율
그만 정신을 놓고 눈을 감는다

살며시 귓전에 머무는 장단마다
전해오는 메시지
"넌 할 수 있어 포기하지 마라"
둥기~디 둥기~디 둥기디 당당

가슴에 울려 퍼지는 이들의 일깨움
내게로 다가서는 뜨거운 열정이
두 눈가에 눈물이 되어
메말라버린 영혼을 씻겨주고
보듬어주니
아~ 어울림의 소리
장단의 소리를 듣는 자들이여
행복하여라

외통수

늦더위가 기승을 부린다
열사(熱沙)의 나라에 온 것 같은
한낮 태양의 열기는
아스콘을 녹일 정도다

인적 드문 이발소엔
오래된 선풍기가 금세
멈출 것 같은 소리
삐각삐각 힘들게 돌아가고

울던 매미도
지쳐 쉬고 있는 청용 날*
탁자에 걸터앉아
땀범벅으로 얼룩진
맥 풀린 모습들
힘없는 손부채만 괘종
시계추처럼 흔느낀다

장기(將棋) 두시는 어르신
옆에 있던 친구 훈수에
그만 외통수라

실랑이하는 말싸움이
더위를 한시름 달래준다

* 청용 날 : 고향(공주) 마을에 있는 우거진 소나무 숲이지만 산 정상에서 바라보면 마치 푸른 용처럼 생겼다 하여 붙여진 마을 입구의 얕은 산.

열꽃

뜨겁게 달궈진 몸이 활활 타다
남은 불씨에 마음의 열꽃이 핀다

사랑의 열꽃은 붉게 수놓은
얼굴마다 꽃밭을 일궜고
짝사랑하다 생채기 난 얼굴에도

사모하는 마음을 다 태우고도
모자라 온몸 구석까지 모조리
태워버린 열꽃

심금을 울린 젊은 날의 로맨스
그 사람 지금은 어디에 있을까

날 울리고 가버린 시든 열꽃은
재가 되어 이제 다시는 피지
않는 그리움의 꽃이 되었다

제7부

바람길

바람은 시를 쓰라 하고

햇살이
세상을 바라보다 지난 흔적을
지우려 붉게 물든 노을빛 구름이
뭉글뭉글 그리움을 토해낸다

무더운 여름 한낮
바람 이는 날이면
바람길 따라가고 싶은 시인의
눈빛은 상상의 노를 저으며
하늘길 따라 은하수 잔별이
서성이는 곳으로 여행을 떠난다

바람과 구름처럼 살고 싶다며
사색의 언어들을 찾아 줄줄이
엮어 한 편의 시를 만지작거린다

웬종일
살기 위한 몸부림 희망의 끈을
동여맨 시인의 세월도 바람도
쉬어가는 멧부리에 올라와 지는
해를 바라보며 말을 건네 본다
바람처럼 살고 싶다고…

바람길

이는 바람
산기슭에 얼어붙은 마음
찬 바람 스미듯 부러질 듯한
바람결에 살갗 에이는
그대들 아픔

어~허
목메이는 가슴에 쌓인 눈물
머금게 하고
바람 이는 길 홀로 서서
두 손 벌리고 아랑곳없이
하늘을 향해 떠간다

마파람 없는 세상
하늘 높이 훨훨 날아가는
새가 되어 짊어진 멍엘 벗고
사랑길 만들고
그 길 따라 나래를 펴고
덧없이 날아가는 구름이 되고
천사(天使)가 되리라

숲속에 쌓인 낙엽들 항변에
그대도 쉬어가는 곳
바람길 따라 기구한 사연
멀리 보내고
희망과 그리움을 찾는
나그네가 되리라

빗물에 씻긴 영혼

천둥과 번개가 아침을 연다
놀란 눈빛은 허공을 가르며
세상에 회개의 눈물을 뿌려댄다

떨어지는 둔탁한 설움 한 줄기
작은 내를 만들고 흘러가는 영혼의
그림자 하늘을 우러러 가슴을
내리친다

바람은 어지러운 심신을 활보하다
허공에 굉음의 나발을 불며 잠들고
무심한 세월은 말라버린 가슴에
잔비를 뿌린다

이 비 그치고 햇살 반짝이면
고단한 삶의 뒤안길을 씻기우고
맑은 영혼 빗물이 되어 흐르리라

하늘 꽃이 떨어지는 날

시퍼런 칼날을 휘두르는 된바람
서걱거리는 갈잎의 노래가
움츠린 가슴에 파고드니 시린 볼
쓰다듬어주시던 어머니 손길이
그립다

홀로 떠가는 조각구름만 휑한
세월을 싣고 달아나듯 얇아진
월력(月曆)이 눈에 밟히고

뒤돌아 올 수 없는 오늘과 어제
난 벌써 슬픈 기억을 씹으며
새해의 소망을 담아 연을 날린다

텅 빈 눈가에 담지 못할 태양을
가둬두고 사랑의 꽃눈이 내리는 날
한 줄기 피는 꽃을 태운 잔별처럼
내 가슴에 하이얀 눈이 쌓인다

멧부리에 올라와도

구름도 바람도 쉬어가는 멧부리
조잘대던 새들도 날개깃 내려놓고
주목(朱木)은 햇살이 그리워 하늘만
바라보다 고사목(枯死木)이 되었구나
살아서 천 년 죽어서 천 년이라더니
아직은 때가 아닌 것 같은데
너의 핏빛 속살은 오간 데 없구나
잠 못 이룬 탓에 지그시 감긴
망각(忘却)의 눈초리
세상을 노려보지만 보이는 것은
허무한 민둥산을 휘감은 구름뿐
멧부리에 올라와 난무(亂舞)한 세상을
바라보니 빛이 있어도 보이지
않는다

얼음범벅꽃

활엽수 무성했던 계룡산엔
어느새 한 시절 풍미했던
곱던 단풍잎들이 바람결에
허공 속으로 뚝뚝 흩날린다

발가벗은 앙상한 나목(裸木)마다
흰 빛깔 저고리 걸쳐 입고
예쁜 수정꽃을 만들더니
당분간 지지 않을
얼음꽃으로 피어나 산사(山寺)의
정겨움을 더해준다

맑고 투명한 하이얀 세상뿐이고
산수(山水)화를 그려놓은 듯
바로 얼음범벅꽃
하늘꽃이 하얗게 피었네

사색(思索)의 강(江)

갈대가 다붓다붓 활짝 핀
강가에 홀로 사색에 잠긴다

이는 바람은 코끝에 맴돌고
물 향기 비릿함은 가슴 깊이
파고들어 비장(脾臟)을 흔든다

두 눈 감고 하늘 보고
두 눈 살포시 감고 강을 보라
마음으로 다가서면 당신은
아름답고 고귀(高貴)한 자연의
고마움을 알 게다

그리고 사색의 강가에 앉아
"난 누구인가?"에 대한
물음표를 마음에 새겨보라

반달

소나무
우듬지에 반달이
주저앉아

조막손
불끈 쥐고 미소 짓는
아가처럼

가려진
얼굴에서도 둥근달이
자라네

아내와 별

정(情)들 곳 없는 타향살이
당신을 만나 함께한 세월이
유성(流星)처럼 지나갑니다

오늘은 유난히도 잔별들이
총총히 밤하늘을 수놓고
버림받은 별똥별은 꼬리를 물며
기나긴 여행을 떠납니다

구름 한 점 없는 밤하늘
사랑 찾아 반짝이는 별들 중에
우리 별은 어디에 있나요

애처로운 내조(內助)의 여왕처럼
날 바라보는 눈길은 한결같이
부드러운 별들의 고향입니다

따스한 아내의 작은 손길마다
차디찬 내 생채기를 어루만지면
난 마음의 눈물을 흘립니다

늘 나만
바라보는 별 바라기인 당신
몸과 마음 보듬고 살아온
지난 아련한 추억들이 자꾸만
눈가에 서성입니다

이젠 마음에 진 빚을
별똥별과 함께 밤하늘에 떠 있는
잔별들을 하나하나 잠재우고
당신만을 위해 살아가렵니다

구름 나그네

세월이
하염없이 구름 따라 비껴간다
여름인 줄 알았더니
다가와 보니 고즈넉한 가을
끝자락이라네

서둘러 산 넘고 강 건너
광활(廣闊)한 들녘을 지나
서산 간척지에 당도하니
바다도 보인다

물새가
노니는 황금빛 서녘 노을
가을 빛깔 수놓은 작은 섬은
황홀경(恍惚境)에 빠져
바닷속으로 미끄러지고

달님의 잰걸음에 홀려
별빛 쏟아지는 밤하늘
찬란한 허공(虛空)을 벗 삼아
구름에 몸을 싣고 바람 따라
훨훨 떠가는
나그네이고 싶다

바람이 전하는 님

사각사각 속삭이는 갈잎처럼
아련히 들려오는 님의 목소리
살랑이는 바람결에 흘러간
세월을 그리워합니다

떨리는 가슴 저미는 삶의
애환(哀歡)일지라도 보듬는 마음
언저리에 그리움을 토해내면
그대 다독이는 사랑의 꽃으로
피어납니다

빛나는 샛별이 한밤을 지키는
파수꾼이 되어 흘러간 님의
흔적(痕迹)을 하나둘 지울 때

바람이 전하는 그대 그리움을
달래주던 님의 목소리가
아직도 귓전에 아른거립니다

소박하고 진솔한 감각으로 직조(織造)한 서정적 메시지의 미학

— 윤갑수 시집 『바람길』 해설

최병영 (시인 · 문학평론가)

1. 순결한 영혼의 결로 직핍(直逼)한 예지와 통찰의 형상화

시는 시심에서 발아한 주체적 현상의 결실이다. 한 편의 시를 수확하기 위해서는 섬세하고 정성 어린 씨앗 뿌림이 전제되어야 한다. 시의 새순을 위해서는 씨앗이 건강하고 토양이 기름지며 날씨가 온후해야 한다. 시라는 황금빛 열매를 거두기 위해서는 결실까지의 전 과정이 내면의식의 층위(層位)로 면밀히 결집되어야 한다. 시는 유의미한 진통의 결실이고 순결한 영혼의 결로 빚는 철학과 사유의 총합이다. 시작행위에 있어 밀도 높은 함축성과 사유의 깊이, 예지와 통찰력이 화학적 융합을 보일 때 명시는 탄생한다. 시는 무한한 상상력의 소산이고 상상력은 정신혁명의 에너지이다. 이는 현실

저편에 존재하는 또 다른 가능태로서의 이상세계이다. 그러므로 상상력은 현재의 고통과 번민을 생생한 느낌으로 집중시키며, 그 느낌을 바탕으로 현실을 타파하고 일어설 수 있는 단초를 제공한다. 시는 감성과 이상 사이에 존재하고, 현실과 사유 및 철학 사이에 존재하는 상관물이다. 시는 시맥을 따라 흐르는 엽록소를 채집하여 진열한 형이상학적 창조물이다.

시인은 부단히 앞으로 나아가는 진취적 존재이다. 도전적이고 개척적인 모습이 시인의 본령(本領)이다. 시인은 통상적인 기존의 길에서 새로운 길을 찾아내고 새 길에 환히 등불을 밝히며 그 등불을 따라 오가는 행인들을 따뜻이 품어주는 존재이다. 시인은 민중의 친구로서 통상적인 것에서 개성적인 것을 발견하고 평이(平易)함에서 돌출됨을 발견하며 평범함에서 비범함을 발견하는 존재이다. 그러기 위해 시인은 항상 맑은 시선으로 깊이 응시하고 순결한 의식으로 진솔하게 감지하며 예리한 통찰력으로 본질을 파악해야 한다.

2. 순수서정으로 구현한 자주적 인생론과 인간성 회복의 염원

본질적으로 시는 서정적 자아와 외적 세계의 통섭(統攝)을 지향하는 문학이다. 시는 부드럽고 온유한 심성으로 서정적 자아와 외적 세계, 외적 세계와 또 다른 외적세계가 부딪치면서 발생하는 상흔(傷痕)을 어루만지는 치유의 문학이다. 그것이 서정시가 지니는 본래의 영역이고 관성이다. 시인은 자신의 내면과 외부세계의 중추를 향해 촘촘한 서정의 그물망을 투척한다. 그 그물망이 자신을 완전히 포획할 때 작품은 존재론적 의미를 구현하는 순수서정의 형태로 발현하며, 그 그물망이 외적세계의 대상으로 향할 때 작품은 리얼리티(Reality)를 강화하며 삶에 대한 깊은 통찰이 이루어진다.

윤갑수 시인의 작품은 서정적 자아상의 구현이자 가치관이며 인생론이다. 그의 시는 순수서정으로 일구어내는 삶의 희구(希求)이자 일그러지고 사라져가는 인간성 회복을 향한 염원의 시학이다. 윤갑수 시인의 이번 시집 『바람길』을 구성하는 대부분의 시는 해독력의 보편적 용이성을 획득하고 있다. 독자들에게 거부감 없이 읽히는 윤갑수 시인의 시편은 반복되는 삶의 양상과 그것들의 공간적 광장에서 파생되는 내적 충만의 자유로운 자아성찰로 존재한다. 윤갑수 시인의 제반 시편들은 원천적인 생명의 의미를 조합하여 굴곡진 영혼을 위로하고 다독인다. 그리고 이는 독자적이고 개체적인 시어의 조탁과 생명외경의 현상으로 확대되며 배경지식(Schema)이 감동을 지향하는 추이(推移)의 한 단면으로 작용한다. 그런 의미에서 소박하면서도 따뜻하고 긍정성의 기운으로 충만한 윤갑수 시인의 시편을 되작이는 일은 충분히 유의미한 일로 평가된다.

이는 바람/ 산기슭에 얼어붙은 마음/ 찬 바람 스미듯
부러질 듯한/ 바람결에 살갗 에이는/ 그대들 아픔

어~허/ 목 메이는 가슴에 쌓인 눈물/ 머금게 하고/

바람 이는 길 홀로 서서/ 두 손 벌리고 아랑곳없이/ 하늘을 향해 떠간다

마파람 없는 세상/ 하늘 높이 훨훨 날아가는/ 새가 되어 짊어진 멍엘 벗고/ 사랑길 만들고/ 그 길 따라 나래를 펴고/ 덧없이 날아가는 구름이 되고/ 천사(天使)가 되리라

숲 속에 쌓인 낙엽들 향변에/ 그대도 쉬어 가는 곳/ 바람길 따라 기구한 사연/ 멀리 보내고/ 희망과 그리움을 찾는/ 나그네가 되리라

—「바람길」 전문

바람은 곧 '자유'의 화신이다. 바람은 결코 길을 묻지 않는다. 바람은 대상과 자아의 통섭을 가로막는 장애이거나, 임을 떠나가지 못하게 가로막는 방어기제의 구실로 존재한다. 삶에 부닥치는 여러 애환은 바람과 관련되어 있으며 그것은 우리의 실질적 생활과 아울러 정서에도 큰 영향을 미치고 있다. 옛 문헌에 기록된 바람에 관한 명칭은 방위로 불린 것이 많다. 오늘날 사용되는 샛[沙]바람, 하늬[寒意]바람, 마[麻]파람, 높[高]바람 또는 뒷(後)바람 등의 명칭은 이익(李瀷)의 '성호사설(星湖僿說)'에 기인하고 있다. 바람이 문학작품에 가장 두드러지게 투영된 것은 계절적인 감각이다. 봄바람은 생명의 환희를 느끼도록 따뜻하고 부드러운 형태로 노래된 것이 많다. 가는 비[細雨]와 더불어 봄바람에서 생명의 새싹을 어루만지는 따뜻함을 드러낸 작품들이

그것이다. 여름 바람은 녹음 사이로 부는 시원한 바람을 기린다. 가을바람은 결실의 바람이면서 또한 죽음과 이별 등을 뜻하는 슬픈 바람으로 그려지며, 가을을 재촉하는 중심소재로도 활용된다. 겨울바람은 모설(暮雪)을 재촉하는 주체이면서 생명의 위축을 가져오는 원인으로 여러 작품에 응용되어 드러난다. 바람은 삶과 부닥치는 애환과 관련되어 있으며 우리의 실질적 생활과 아울러 정서에도 큰 영향을 미치고 있다.

윤갑수 시인의 바람은 아픔과 눈물을 정서적 배경의 주체로 구현하고 있다. 그의 작품 「바람길」에서는 바람이 '떠남' 의 이미지로 구상화되고 있다. 그는 하늘에서 새가 되고 구름이 되어 사랑길을 만들고 천사가 되어 그 길 따라 기구한 사연 멀리 보내고 희망과 그리움을 찾는 나그네가 되리라는 꿈을 지핀다. 꿈은 희망과 이상의 실현이다. 꿈은 당면한 현실의 반영이고 미래 예언적 감각의 인상이다. 꿈을 이루기 위해서는 그 앞자리에 감당하기 어려운 아픔과 고뇌와 외로움이 자리한다. 시 「바람길」은 상처 있는 사람의 마음속 가시를 조명한 흔적이 이상 실현의 소망으로 발현한다. 바람은 극도로 마음을 얼어붙게 하고 살을 에는 고통의 진원(震源)이다. 윤갑수 시인은 이를 '부러질 듯한 바람' 으로 명료화한다. 고통과 상처를 일으키는 바람조차 부러질 정도로 현실은 혹독하고 그악한 상태임을 암시하고 있다. 이에 서정적 자아는 목메이는 슬픔을 머금고 '바람 길 이는 길 홀로 서서' 정처 없이 떠나간다. 바람에 의해 바람을 따라 바람처럼 떠나가는 서정적 자아의 모습이 몹시도 처연하다. 여기에는 실제적 정황을 감각적으로 묘사하기 위해 '어~허' 라는 영탄적 어조가 등장한다. 이 영탄어조 감탄사는 시 전체를 아울러 관통하는 지배적 심상으로 작용한다. 이러한 정황은 새와 구름이라는 자유로운 상징물에 의해 결국 멍에를 벗고 희망과 그리움을 찾아가는 자유로운 영혼의 나그네로 승화한다. 극단적 현실의 아픔과 절망이 궁극적인 긍정적 이미지로 환치되면서 바람은 시적 품격을 승화시켜주는 중심 제재로 작용한다.

3. 다양한 꽃의 색채 이미지와 그윽한 향기로 지피는 동일화의 심미성

시는 새로운 세계를 지향하는 형이상학적 창조물이다. 이는 관념이나 이성만으로는 성립될 수 없는 인간정신의 총체적 반영이기도 하다. 시는 언어로 구현하는 미와 철학, 근원적인 역사의식과의 융합에 주안점을 둔다. 윤갑수 시인이 상재한 시집 『바람길』에 게재된 작품들은 시인 자신의 깊은 사려와 의식에 소산하고 있으며, 이에는 진실과 정성이 깃들어 있고 소재와 주제에서 우려내는 다면적 인생의 의미와 실존의식의 무게가 물미를 트고 있다. 개방된 시선으로 통찰하는 시에 대한 접근과 인식, 시의 내적수용이 편안하고 안락하다.

윤갑수 시인의 작품집 『바람길』에 담긴 시의 테마(Theme)는 대체로 꽃과 사랑, 자연과 고향, 삶과 세월로 귀착된다. 이는 대다수 시집들이 공통으로 함유하는 절대적 시의 본질이자 작품세계의 제재이기도 하다. 사랑과 고향, 어머니, 자연 등은 영원성의 이름으로 존재할 문학의 핵심소재이자 본향(本鄕)이기도 하다. 윤갑수 시인의 시집 『바람길』에 수록된 작품 중에서 등장 빈도수가 가장 높은 '꽃'을 제재로 하는 작품들을 살펴본다.

우리 엄니/ 쌀밥 지으셨나!/ 쪽 찐 머리에/ 순백의 꽃이/ 피었네

아들 위해 지으신/ 쌀밥처럼

기다리는/ 엄니의 눈가에도/ 하얗게 내려앉아

세월의 꽃/ 흰 꽃이 피었네

—「이팝나무 꽃」 전문

가고파도 갈 수 없는 이 길/ 아직 낯설기만 하고/ 길섶에 잠든 영혼을 깨우는 들꽃이고 싶다/ 벌판에 널브러진 잡초 같은 인생/ 돌아갈 수 없는 그대는/ 노란 민들레꽃이 되었다/ 이는 바람결에도 꺾이지 않고/ 절개를 지키다 죽어서도/ 그대 머문 자리에 다시 또/ 피어난 강인한 들꽃처럼/ 나도 너처럼 되고 싶다/ 어릴 적 노닐던 그곳엔 지금도/ 너를 기다리는 들꽃들이/ 흐드러지게 살랑이고 있다

—「들꽃이고 싶다」 전문

산 중턱 언저리에/ 다붓다붓 앙증맞게 여민/ 넌 누구더냐

무심코 지나쳐버린/ 가시덤불 속 여울진 너의 미소/ 아가의 순진한 얼굴 같구나

훌쩍 자란 잡초 새에 끼여/ 인고(忍苦)의 시간을 이겨낸/ 쬐만 꽃 한 송이/ 굽이진 세상에서 널 만나니/ 희망의 씨앗이 움튼다

피고 지는 질곡(桎梏)의 세월/ 긴 기다림은 비껴갈 수 없지만/ 자세히 보니 넌 귀하되 귀한/ 내 님의 꽃이로구나!

—「마음속에 핀 꽃」 전문

꽃은 아름다움의 상징이다. 이는 화려함과 번영, 영화로움 등의 긍정적 의미를 표상하고 있고, 아름다운 여인이나 인간 삶에 있어 좋은 일, 영화로운 일에 비유되기도 한다. 또한 꽃은 젊음과 사랑을 상징하기도 하고 한 집단이 지닌 속성을 상징하기도 한다. 15세기 원예 실용서인 『양화소록』에서는 대표적인 꽃의 상징적 의미로 매화는 강산의 정신을 지니고 태고의 모습을 드러낸다 하였고, 국화는 혼연한 원기(元氣)가 그지없는 조화(造花)라 하였으며, 연꽃은 깨끗한 병 속에 담긴 가을물, 비 갠 맑은 하늘의 달빛, 봄볕과 함께 부는 바람이라 하고, 모란은 부귀영화를 상징하는 대표적 꽃으로 표현하여 기리고 있다. 윤갑수 시인은 꽃으로 대별되는 다양한 제재를 섬세한 시선으로 응시하고 이에 가치 있는 의미를 부여하여 합리적 주제를 강화함으로써 격조 있는 시로 승화시키고 있다.

위의 작품 중에서 첫째 시 「이팝나무 꽃」은 시집 『바람길』에서 가장 절창(絕唱)으로 평가되는 작품이다. 이팝꽃을 통한 제반의 연상 작용과 비유적 수사가 자연스럽고 매끄럽게 잘 구사되어 있다. 이팝꽃에서 연상되는 쌀밥과 어머니의 헌신적 사랑, 고난 어린 어머니의 세월이 탄탄한 융합을 이루며 한 송이의 애절한 꽃으로 개화한다. 이와 같은 이팝꽃의 이미지(Image)는 윤갑수 시인의 유사작품 「조팝나무 꽃」에도 그대로 적용되어 "자투리 공원 길모퉁이에/ 하얀 꽃 섬 만들면 어릴 적/ 어머니가 차려주신 쌀밥의/ 그리움으로 다가와/ 옛 추억을 들춘다"는 노래로 정서의 연속성을 지니고 상호 연계되어 어머니와 쌀밥의 이미지를 고착화한다. 이팝나무는 낙엽활엽교목으로 봄에 개화하며, 꽃잎이 흰색이다. 이는 골짜기나 개울 근처, 해변 가에서 자라며 양지바르고 토심이 깊은 사질양토의 비옥한 땅에서 생장이 양호하다. 이팝나무는 세계적인 희귀종으로, 큰 나무는 대개 천연기념물로 지정하여 보호하고 있다. 다닥다닥 붙어 올망졸망 피어나는 소담스런 꽃 모양이 밥그릇에 담긴 고봉 쌀밥을 연상케 하여 뭉클한 모성애와 극심한 가난을 노래하는 소재로 많이 형상화되어 왔다. 시 「이팝나무 꽃」은 군더더기 없이 속살이 아름답고 살진 가작(佳作)으로 평가된다. 둘째 작품 「들꽃이고 싶다」는 노란 민들레를 형상화한 작품이다. 이 작품은 '너' 라는 시적대상을 동원하여 민들레와의 동질성을 염원하는 패턴(Pattern)을 보인다. 이에는 서정적 자아가 당면한 극단적 삶의 양상과 거칠고 광활한 삶의 터전에서 겪는 일상을 민들레가 지닌 절개와 지조, 강인한 생존력에 투영함으로써 동질화를 희원(希願)하고 있다. 바람결에도 굳건하고 머문 자리에 지속적으로 피어나는 민들레의 강인한 특성은 서정적 자아가 꿈꾸고 추구하는 이상적 삶의 본질이다. 민들레는 서정적 자아가 한껏 어렸을 적 뛰어놀던 꽃 들판을 물들였고, 각박한 현실의 삶에도 흐드러지게 피어나길 소망하는 희원의 꽃이다. 셋째 작품 「마음속에 핀 꽃」은 무심코 지나쳐 인지하지 못했던 여린 꽃송이에 대한 새로운 발견을 화두로 삼고 있다. 가시덤불 속에 끼어서도, 훌쩍 자란 잡초 사이에 자리하고도 열악한 환경에 굴하지 않고 자신만의 아름다운 꽃을 피워낸 작은 꽃송이에 대한 예찬을 주조(主潮)로 하고 있다. 이와 같이 여린 듯 강인한 생명력을 지닌 앙증맞은 꽃송이는 서정적 자아가 지닌 희망의 씨앗이고, 고귀한 임의 꽃으로 승화하는 마음속 찬란한 꽃으로 자리매김한다.

그리움에 사무쳐/ 죽어 꽃이 된 소화의 한(恨)이여

저물어가는 여름날 길목을/ 서성이다 흐느끼는 바람이 되어/ 슬픔으로 뚝뚝 꽃잎 적신다

애틋한 단심은/ 지금도 변함없는 정절이련만/ 뜨거운 태양의 그림자에 꽃잎/ 저미니/ 님은 오지 않고 기약 없는/ 기다림은 망부석이 되었구나

—「능소화 연정(戀情)」 일부

일 년에 한 번 아내의 생일에/ 난 기쁜 마음 한 아름

안고/ 귀가를 서두릅니다/ 웃는 모습이 예쁜 사랑스러운/ 아내를 닮은 소담스런 안개꽃을/ 가슴에 안고

세상에서 장미꽃보다 더/ 아름답고 예쁘다며/ 셔벗(Seherbet) 먹듯 조잘대는 소녀의/ 마음을 닮은 청아한/ 그 안개꽃

작은 꽃송이 모아 모여/ 방 안 가득 풍선에 매달아 놓고/ 싶다던 그 안개꽃

님의 생일날/ 발걸음이 무척이나 가볍습니다/ 아내가 행복해하는/ 하얀 미소가 눈앞에 아른거려/ 안개꽃 무리가 온천지에 활짝/ 핀 듯합니다

—「안개꽃」 일부

활엽수 무성했던 계룡산엔/ 어느새 한 시절 풍미했던/ 곱던 단풍잎들이 바람결에/ 허공 속으로 뚝뚝 흩날린다

발가벗은 앙상한 나목(裸木)마다/ 흰 빛깔 저고리 걸쳐 입고/ 예쁜 수정 꽃을 만들더니/ 당분간 지지 않을/ 얼음꽃으로 피어나 산사(山寺)의/ 정겨움을 더해준다

맑고 투명한 하이얀 세상뿐이고/ 산수(山水)화를 그려 놓은 듯/ 바로 얼음범벅꽃/ 하늘 꽃이 하얗게 피었네

—「얼음범벅꽃」 일부

위의 꽃 작품에서 첫째 시 「능소화 연정(戀情)」은 소

화의 애절한 한이 서린 설화와 망부석 설화를 작품으로 견인하여 시화한 작품이다. 능소화는 광해군 시절 궁중으로 끌려온 궁녀 이야기가 모티프(Motive)를 이룬다. 임금과 맺은 단 하룻밤의 순정한 사랑을 잊지 못하고 그리움에 지쳐 죽어간 소화의 애절한 넋이 꽃으로 돋아난 게 능소화이다. 온갖 새들이 꽃을 찾아 모여드는 때, 궁중 담장에는 조금이라도 더 멀리 귀를 기울이고 밖을 보려고 꽃잎을 넓게 벌리는 꽃이 피어난다. 덩굴로 크는 아름다운 꽃 능소화는 담장을 휘어 감고 밖으로 얼굴을 내미는데, 그 모습이 마치 담장 밖을 내다보는 여인의 모습을 빼닮은 듯한 형상을 지닌다. 능소화는 그리움의 꽃이고 한이 서린 꽃이며 정절의 꽃이다. 윤갑수 시인의 능소화는 이러한 기약 없는 임의 기다림을 슬픔의 정서에 얹어 실감 있게 그리는 아픔의 노래이다. 둘째 시 「안개꽃」은 청아하고 소담스런 꽃의 모습과 미소가 아름다운 아내 모습을 오버랩(Overlap)시켜 행복한 사랑의 감정을 시화하고 있다. 아내 생일날 안개꽃 사들고 귀가를 서두르는 서정적 자아의 행복한 모습이 한 컷의 영상으로 선연히 비친다. 안개꽃은 피어날 때 안개가 서린 것처럼 희뿌옇게 피는 특성에서 연유한 명칭으로, 이는 주로 장미나 카네이션을 돋보이게 꾸며주는 보조적 역할을 수행한다. 안개꽃은 결코 무대의 화려한 주인공이 아니나 주인공 못지않은 겸허와 헌신과 온순한 성품을 지닌 아름다운 꽃이다. 이런 특성에 연유하여 안개꽃의 꽃말은 '맑고 깨끗한 마음, 사랑의 성공' 을 뜻하고 있다. 아내 생일날, 안개꽃을 사들고 발걸음을 재촉하는 서정적 자아에게 온 세상은 이미

희고 작고 아름다운 안개꽃밭이었으리라. 셋째 작품 「얼음범벅꽃」은 단풍잎 지고 앙상한 나목으로 선 계룡산이 수정같이 맑고 투명한 얼음꽃으로 피어난 아름다움을 찬탄하는 노래이다. 단풍이 가을의 현란한 색채축제를 주도했다면 얼음꽃은 겨울을 순백으로 물들이는 진객(珍客)이다. 이 시에서는 순수하고 고결한 자태로 피어나는 얼음꽃이 서정적 자아에게도 심리적 동요를 일으켜 시적 동일화와 정화(淨化)작용을 하고 있음을 감지할 수 있다. 그러기에 얼음꽃은 그 자체만으로도 이미 존귀하고 환상적인 마음속 격동의 주체적 꽃으로 자리한다.

4. 사랑을 주제로 한 작품의 미감(美感)과 동일화의 감성적 모티프

사랑은 고결하고 숭고한 영적 작용이다. 사랑은 애틋이 그리워하고 좋아하는 고밀도의 정신 활동이다. 사랑의 형상은 개체에 따라 다양성을 지닌다. 동양의 주된 가치철학을 이루는 인(仁)과 자비 사상은 사랑과 상통한다. 이러한 사상은 혈연에 뿌리를 둔 사랑에서부터 인연이 없는 사람에게까지 확장된다. 불교의 '자(慈)'는 진정한 우정을 상징하고 '비(悲)'는 연민과 상냥함을 뜻하는데, 여기서 서로 상대를 위로하고 연민하는 사랑이 발생한다. 그리스도교에서는 예수가 참된 사랑은 자기희생에서 비롯됨을 몸소 실천하여 보여주었다.

그리스어로 사랑은 에로스 · 아가페 · 필리아라는 세

가지의 위상을 지닌 명칭으로 표상된다. 에로스(Eros)는 정애(情愛)에 근원을 둔 정열적인 사랑을 말한다. 이는 궁극적으로 한 사람과 합일하여 참 존재의 실재(實在)로 녹아들 것을 요구한다. 에로스는 곧잘 광기의 모습을 보이고 필연적으로 죽음과 맞닥뜨리게 된다. 철학자 플라톤(Platon)이 실재와의 만남을 추구한 끝에 '삶보다 죽음이 바람직하다' 는 결론에 이른 것은 그런 의미에서 당연한 귀결로 인식된다. 아가페(Agape)는 무조적적인 사랑으로 표상되는 것으로써 사람과 사람 간의 독립적 존재를 바탕에 둔 사랑을 말한다. 키르케고르(Kierkegaard)는 신과 인간 사이에 '무한한 질적 차이' 가 존재한다고 믿었다. 그러기에 신과 인간 사이에는 융합도, 실체적 합일도 일어날 수 없으며 다만 교제가 있을 뿐인 것으로 보았다. 필리아(Philia)는 독립된 이성간에 성립되는 우애를 지칭한다. 이는 상대방이 잘되기를 바라는 순수한 마음의 상태를 쌍방이 인지하고 있는 상태를 가리킨다. 아리스토텔레스(Aristoteles)는 '사람은 자기 자신과 같은 생각을 가지고 같은 것을 바라는 사람' 이나 '자기와 함께 기뻐하거나 슬퍼하는 사람' 을 사랑한다고 주장했다. 그러기에 필리아 사랑은 결국 이기적인 사랑에 귀착된다. 고대 그리스에서는 이 세 가지 양상과 함께 '스토르게(Storge)' 를 합하여 사랑을 네 가지 부류로 나누는데, 여기서 스토르게는 혈족애(血族愛)를 뜻하고 있다.

윤갑수 시인이 그리는 작품에서 서정적 자아의 사랑법은 매우 직설적이다. 결코 사랑 앞에 태도의 머뭇거림이 없고 의식이 단선적이며 명쾌한 행동에 이른다. 대상을 진중히 설득하거나 장애를 극복하기 위해 회유

(回遊)하거나 효율적 진전을 위해 템포(Tempo)를 조절하지 않는다. 어쩌면 그런 순차 없는 저돌적인 사랑이 진정한 사랑의 본질이고 사랑을 쟁취하기 위한 최선의 전략인지도 모른다. 윤갑수 시인은 소재를 집요하게 응시하는 뜨거운 눈길로 다층적 사유를 상상의 나래로 펼치며 서정적 자아에게 선연히 투영된 작품세계를 화폭에 올려 농밀하게 그려낸다.

내가 너라면/ 죽도록 사랑한다/ 말했겠지

내가 너라면/ 널 놓치지 않았을 테고/ 넌 내게 소중하니까

한여름 땡볕같이/ 타오르는 그런 사랑/ 할 수 있을 텐데

지금도 늦지 않아/ 한번 해봐

—「내가 너라면」 전문

한여름 밤/ 시작이자 끝인 날 일제히 우화(羽化)한/ 하루살이/ 사랑 찾아 나래를 활짝 핀다

가뭄에 허덕이다/ 단비 내리던 날 긴 기다림 속/ 짧은 만남을 위해 인고의 세월을/ 이겨낸 님들의 향연(饗宴)

하루만을 살기에/ 입도 내장도 없는 기구한 운명/ 이 진실을 아는지 모르는지/ 그 유혹의 피날레가 잔별처럼/ 쏟아져 하늘을 덮는다

하지만 이들은 사랑을 속삭이다/ 자신을 닮은 씨알을 낳기까지/ 죽어서도 날개를 절대로 접지/ 않는다

—「하룻밤의 사랑은 가고」 전문

위의 첫째 시 「내가 너라면」에서 서정적 자아는 가정법(假定法)을 동원하여 시적대상에게 적극적인 사랑의 독려를 주조로 하고 있다. 내가 너라면 "죽도록 사랑한다"고도 말하고 소중한 연인을 놓치지도 않았을 것이며 "한여름 땡볕같이" 뜨거운 사랑을 했을 거라는 가정적 상황을 기정사실로 명료화하고 있다. 올곧고 직선적인 서정적 자아의 목소리가 자못 결의에 차 있다. 이러한 태도는 "지금도 늦지 않아/ 한번 해봐"라는 대상에 대한 적극적 권유로 귀결된다. 서정적 자아의 사랑에 대한 적극적 태도는 이와 유사한 성향의 시 「한번 해봐」에 그대로 전이되어 전체 맥락의 의미가 액면 그대로 전파된다. 서정적 자아는 시적대상에게 '내가 너라면' 용기도 내고 고백도 하고 사랑을 쟁취했을 거라는 가정을 기정사실로 못 박으며 시적대상이 속만 태우지 말고 고백하기를 강력히 권유한다. 이와 같은 서정적 자아의 거침없는 태도는 앞의 시 「내가 너라면」에서 처럼 "후회도 하지 말고/ 지금도 늦지 않아/ 한번 해봐"라는 친근한 구어체적 어조에 담겨 시기의 타당성을 동반하며 의지적 신념으로 구상화되는 특징을 보인다. 둘째 시 「하룻밤의 사랑은 가고」는 하루살이의 절박한 사랑을 형상화한 작품이다. 하루살이는 이름 그대로 하루의 삶이 생존의 전부인 극도로 짧은 운명을 사는 곤충

이다. 성숙기의 성충은 무리 지어 군무(群舞)를 추는데, 암컷들이 군무 속으로 날아들면 수컷은 암컷과 함께 날아가며 혼인 비행을 시작한다. 이성과 혼인하는 것, 혼인하여 씨를 퍼뜨리는 것, 그것만이 이들이 사는 생의 목적이고 삶의 전부이다. 위의 시 「하룻밤의 사랑은 가고」는 극도로 짧은 생애를 살다 삶을 마무리하는 존재의 절박성과 유일한 생의 목표를 이루기 위해 겪는 무한한 인고가 사실적으로 잘 묘사되어 있다. 한밤, 하루살이가 등불을 찾아 날아들어 추는 광란의 군무는 생산과 죽음의 이질적인 축제이다. 그들의 춤은 처절히 뒤엉켜 몸부림치는 마지막 생의 절규이다. 그들은 이 단 한 번의 마지막 춤을 위해 한생을 준비하고 실행한다. 그러기에 하루살이의 하룻밤 향연은 실로 눈물 겹다. 이 시는 효율적 생을 위해 불필요한 신체적 구조를 퇴화시킨 하루살이의 모습과 "피날레가 잔별처럼/ 하늘을 덮는" 상황배경의 묘사, 죽어서도 절대로 날개를 접지 않는 사후 모습이 한의 이미지와 빈틈없이 조응되어 가슴을 뭉클하게 한다. 영원히 존재하기 위해 기꺼이 죽음에 당면하는 하루살이의 생은 아이러니(Irony)의 극치를 이룬다.

윤갑수 시인의 시집 『바람길』은 전술(前述)한 시의 주체적 맥락 외에도 다양한 작품의 특성을 형상화하여 현시하고 있다. 그중 중요한 빈도수를 보이는 화소(話素)의 작품성향은 바로 고향과 자연과 계절과 삶에 대한 응시이다. 고향을 소재로 하는 시는 주로 추억의 몽환적(夢幻的) 배경과 어버이와 죽마고우에 대한 그리움, 어렸을 적 고향에 대한 향수가 주조를 이루고 있다.

자연을 노래한 작품 중에는 '햇살'이 단연 지배적 소재의 중심축을 형성하고 있다. 윤갑수 시인의 작품에서 햇살은 두려움과 아픔의 현실적 고통을 타개하는 주체로서, 보석처럼 품고 싶은 객체의 상징물로서, 지상의 생명체를 건사하는 주체로서 밀도 있게 그려지고 있다. 또한 계절을 노래한 시 중에는 가을이 가장 다수 등장한다. 가을은 주로 '단풍잎, 알밤, 구절초 향기, 허수아비, 참새 떼, 콩서리' 등을 소재로 하여 추억의 이미지를 부각하는 작품, 들녘의 풍요와 나목의 긴 수행, 갈잎의 흐느낌으로 묘사되는 서정적 자아의 진폭 큰 감정기복이 다양성을 드러내며 작품으로 명시되고 있다. 삶을 주제로 하는 작품은 비움을 통한 멍울진 추억의 망각, 동글동글한 삶에의 희원, 느림의 미학을 실행하는 보편적 삶, 예측 불가한 인생 항로를 주조로 하여 작품화하고 있다. 이처럼 윤갑수 시인의 작품은 드넓은 영역의 다층적 내면을 프리즘(Prism)으로 면밀히 조영하여 투사하는 특성을 지닌다.

5. 윤갑수 시인의 작품이 지닌 문학적 스펙트럼 양상

윤갑수 시인은 『바람길』에 상재한 작품을 통해 광활한 인생의 지평에서 삶의 패러독스(Paradox)를 진솔하고 질박한 언어로 구현하며 깊은 응시과정을 통해 자기 정체성을 주도적으로 확보한다. 그의 시는 진솔한 감성을 숙성시키며 시심(詩心)을 키우려는 시인으로서의 장인정신에 투철하다. 윤갑수 시인의 시집 『바람길』

이 추구하는 시의 양상은 대체적으로 다음과 같이 정리할 수 있다.

첫째, 윤갑수 시인의 작품은 미학적 음조가 검박하고 사유와 인식의 스펙트럼(Spectrum)이 선명한 이미지로 구현된다. 통상적 언어로 접맥한 시는 독자의 가독성을 증대시키며 원활한 이해력을 돕는다. 윤갑수 시인의 시편은 반복되는 삶의 양상과 그것들의 공간적 광장에서 파생되는 내적 충만의 자유로운 자아성찰로써 이는 현대시의 존재론적 해석으로도 간주된다. 윤갑수 시인의 제반 시편들은 원천적인 언어를 조합하여 굴곡진 영혼을 위로하고 다독인다. 또 이는 독자적이고 개체적인 시어의 조탁과 생명 외경의 현상으로 확대되며 배경지식(Schema)이 감동을 지향하는 추이(推移)의 한 단면으로 작용한다.

둘째, 윤갑수 시인의 작품은 순박하고 맑은 영혼으로 빚은 진수로서 다양하고 다채로운 형태로 상존한다. 이는 꾸밈없는 의식의 투명성과 작위적이지 않은 순박한 언어의 융합으로 빚어낸 순결한 영혼의 자아상이기도 하다. 윤갑수 시인의 작품은 서정적 자아상의 구현이자 가치관이며 인생론을 망라하고 있다.

셋째, 윤갑수 시인은 꽃에 시심을 의탁하여 감정이입(感情移入)의 수법으로 서정적 자아의 감성을 노래한다. 현재가 고통과 슬픔으로 침윤되어갈 때 인간은 아름답고 의미 있는 대상을 찾아 정서를 의탁함으로써 동일화를 모색한다. 그럼으로써 암울한 질곡의 삶과 대비되는 현재의 투명성이 더욱 돋보일 수 있기 때문이다. 꽃은 바로 그런 맥락에서 중요한 가치를 지니는 상징물이다.

넷째, 윤갑수 시인이 그려낸 작품에서 서정적 자아의 사랑법은 매우 직설적이고 능동적이다. 결코 사랑 앞에 머뭇거림이 없고 단선적 구조를 지니며 명쾌한 행동을 유발한다. 대상을 진중히 설득하거나 회유(回遊)하거나 효율성을 위해 속도를 조절하지 않는다. 어쩌면 그런 저돌적인 사랑이 진정한 사랑의 본질이고 사랑을 쟁취하기 위한 최선의 전략인지도 모른다. 윤갑수 시인은 소재를 집요하게 응시하는 깊은 눈길로 다층적 사유를 상상의 나래로 펼치며 서정적 자아에게 선연히 투영된 작품세계를 농밀하게 화폭에 담아낸다. 윤갑수 시인은 에스프리(Esprit)한 시적감각으로 작품을 형상화하고, 이를 통해 보람찬 결실을 지향한다.

윤갑수 시인의 시집 『바람길』의 상재를 진심으로 축하하며, 앞으로도 무한한 문학적 성취와 함께 건필로 상존(常存)하길 기원한다.

문학세계대표작가선 854

바람길

윤갑수 시집

인쇄 1판 1쇄 2018년 6월 8일
발행 1판 1쇄 2018년 6월 15일

지 은 이 : 윤갑수
펴 낸 이 : 김천우
펴 낸 곳 : 도서출판 천우
등 록 : 1992. 2. 15. 제1-1307호
주 소 : 서울시 성동구 무학봉28길 6 금용빌딩 2F
전 화 : 02)2298-7661
팩 스 : 02)2298-7665
http://moonhak.wla.or.kr
E-mail : chunwo@hanmail.net

값 10,000원

ISBN 978-89-7954-721-4

이 도서의 국립중앙도서관 출판예정도서목록(CIP)은 서지정보유통지원시스템 홈페이지(http://seoji.nl.go.kr)와 국가자료공동목록시스템(http://www.nl.go.kr/kolisnet)에서 이용하실 수 있습니다. (CIP제어번호: CIP2018016860)